AF227419

PROTESTATION

CONTRE LE LIVRE INTITULÉ

HISTOIRE DES GIRONDINS ET DES MASSACRES DE SEPTEMBRE

Par M. A. GRANIER DE CASSAGNAC

ET

APPRÉCIATION HISTORIQUE

DE CE LIVRE

PAR

J. GUADET

PRIX : 75 CENTIMES.

PARIS

LEDOYEN, LIBRAIRE

Palais-Royal, Galerie d'Orléans.

—

1860

PROTESTATION.

Affligée du silence de la loi, la justice se déclarait naguère impuissante à empêcher de diffamer les morts; familles des Pétion, des Condorcet, des Brissot, des Roland, des Barbaroux, dont le livre de M. de Cassagnac attaque ouvertement la mémoire; familles des Vergniaud, des Gensonné, des Guadet, des Ducos, etc., etc., enveloppés dans cette qualification collective de *Girondins*, qu'il ne craint pas d'attaquer en masse, baissez le front; ceux dont vous avez fait gloire jusqu'ici de porter le nom sont des complices d'assassinats. — MM. Thiers, Mignet, Lamartine, Michelet, Louis Blanc, se sont faits, sur les massacres de septembre, les échos irréfléchis d'une ancienne tradition acceptée sans examen : M. de Cassagnac met, *pour la première fois et pour toujours*, la vérité en évidence : les Girondins « laissèrent les massacres » s'accomplir librement au milieu de Paris, parce qu'ils

— 4 —

» avaient l'ambition et l'espoir d'élever leur domination
» sur les décombres sanglants de la monarchie.» (*Préface.*)
« Les Girondins, qui n'avaient pour principes que l'es-
» prit de domination, poursuivirent le pouvoir à travers
» le sang et les apostasies, sans réussir à atteindre autre
» chose que la proscription, la mort et la honte. »
(*Préface*). Oui, familles de Girondins, baissez le front,
vous portez des noms souillés. — Et vous qui tenez par
les liens du sang aux Bailly, aux Lafayette surtout, voilez-
vous le visage, M. de Cassagnac vous a marqués aussi du
sceau de la honte.

Mais si la loi se tait, si les tribunaux sont impuissants
à punir la diffamation, même quand elle s'attaque à des
tombeaux encore entr'ouverts, la conscience publique,
du moins, n'est pas enchaînée, et à ce tribunal infail-
lible on peut encore demander justice! Je porte un nom
girondin et j'en suis fier; j'ai donc qualité pour élever
la voix. A un autre titre encore, j'ai qualité pour dénoncer des faussetés historiques : depuis trente ans je re-
cueille des matériaux pour composer une *Histoire des
Girondins* ; cette histoire est écrite et paraîtra sous peu.
Eh bien, et comme neveu de Girondin et comme historien sérieux, je viens protester contre le livre de M. Granier de Cassagnac.

Je me serais peu inquiété, je m'inquiéterais peu encore de ce livre, si plusieurs journaux estimés du public
n'en avaient reproduit de longs extraits et n'avaient
semblé par là le prendre sous leur protection. Mais en
face de ce patronage, protester est pour moi un devoir.

J. GUADET.

APPRÉCIATION HISTORIQUE.

Le livre de M. de Cassagnac est essentiellement faux dans son titre et dans ses conclusions. Voilà ma thèse, voici mes preuves.

Et d'abord quelques observations générales : — 1° l'ouvrage de M. de Cassagnac commence par où il devrait finir, par le récit très-long et très-détaillé (113 pages) du procès et de la mort des Girondins ; puis il revient au 20 juin, puis au 10 août, et là finit le premier volume. Ce volume, pêle-mêle inqualifiable, est destiné sans doute à préparer peu à peu le lecteur à accueillir sans trop d'étonnement les imputations étranges qui remplissent le suivant, exclusivement consacré aux massacres de septembre. — 2° Dans le livre de M. de Cassagnac il n'est pas plus question de la nation, de ses intérêts, de ses sentiments connus, de ses volontés exprimées, que si la nation n'eût jamais existé. Il n'est pas plus question de clergé réfractaire remuant les départements, d'émigrés remuant l'étranger, de pouvoir exécutif soutenant le clergé, correspondant avec les émigrés, appelant l'étranger, que si tout cela était chimérique. Les mouvements populaires du 20 juin et du 10 août n'eurent d'autre cause que l'ambition des Girondins, en sorte que s'il n'y avait jamais eu de Girondins rien n'eût troublé la quiétude du pouvoir, et, en fin de compte, le clergé, les émigrés, l'étranger, eussent ramené en France l'âge d'or.—3° L'historien sérieux pèse soigneusement les autorités sur lesquelles il s'appuie. Peser les autorités est un principe élémentaire en histoire ; rejeter celles qu'on doit supposer prévenues est un devoir. Eh bien, ce sont celles-ci que semble rechercher de préférence M. de Cassagnac. Ainsi, vous le verrez souvent appeler Robespierre en témoignage contre tel ou tel Girondin ; vous le verrez citer à l'appui d'allégations parfois très-graves, et cela sans la moindre hésitation, Mathon de La Varenne, Roch Mercadier, Peltier, etc., etc.

Cela posé, j'entre en matière ; et je m'attache au fait capital des massacres de septembre.

« Les Girondins excitèrent, organisèrent même les mouvements populaires du 20 juin et du 10 août, mais ces mouvements allèrent plus vite et plus loin qu'ils ne l'auraient voulu : les sections prirent des arrêtés d'insurrection que les Girondins blâmèrent, et que Vergniaud fit annuler par l'Assemblée. Dès le 4 août 1792 les Girondins étaient déjà débordés par l'insurrection qu'ils avaient organisée (I, p. 422). — Pendant que Vergniaud cherchait, le 23 juillet, à éluder la question de déchéance, et faisait ajourner le rapport de la commission jusqu'au 10 août ; le directoire révolutionnaire des fédérés, séant au comité des Jacobins, fixait à la nuit du 9 au 10 le signal de l'insurrection et la dernière heure de la monarchie (p. 426). Ainsi, la révolution marchait traînant à sa suite, confus et tremblants, les ambitieux qui l'avaient déchaînée et qu'elle allait soumettre à de plus ambitieux encore (p. 428). — Le 10 août se fit ; les Girondins voulaient établir une monarchie faible et mineure dont ils seraient les tuteurs (p. 546), la monarchie d'un enfant placée sous leur tutelle, ou tout au plus la monarchie du duc d'Orléans placée sous leur domination (p. 547). Cet édifice frauduleux d'une monarchie mineure ou bâtarde, l'émeute, victorieuse à l'Hôtel de Ville, se plaît à la démolir (p. 553). — L'Assemblée s'était bornée à suspendre provisoirement l'exercice des pouvoirs du roi, la Commune ne trouva pas que ce fût assez ; des députations, accourues en son nom, demandèrent la déchéance. D'abord Vergniaud résista ; mais, avant la fin de la journée, l'Assemblée était vaincue (*ibid.*). — L'Assemblée avait ordonné, par un décret, que le roi serait gardé par la garde nationale ; l'émeute voulut plus, et un arrêté de la Commune le mit sous la garde de trois cents Marseillais (p. 554). — L'Assemblée, après le décret qui donnait au roi le palais du Luxembourg, lui avait assigné pour demeure l'hôtel du ministre de la justice. L'émeute, qui ne voulait plus de roi, ne voulut plus ni palais ni hôtel (*ibid.*). — Ainsi, le 12 août, il ne restait plus rien des plans de la Gironde, et cette Assemblée factieuse, qui avait fait le roi captif, était elle-même à la merci de l'insurrection victorieuse. La Commune ordonnait et elle obéissait (p. 555). » — Tout cela est net et précis ; les Girondins n'ont plus l'autorité nécessaire pour faire triompher les projets les plus chers à leur cœur, les projets que nourrissait depuis si longtemps leur ambition, les projets qui eussent comblé tous leurs désirs.

A la première page du second volume (livre quatorzième) nous lisons en titre : *Dictature de la Commune de Paris. — Elle imagine et résout les massacres de septembre.* Et les pages suivantes développent cette thèse.

— « L'organisation spéciale de la commune de Paris lui donnait des attributions immenses; elle avait la pleine et entière disposition de la force armée, dans l'étendue du département, et l'action de sa police n'avait pas de bornes. Ainsi, on verra la commune de Paris exécuter des opérations considérables, et à main armée, jusque dans les départements voisins (p. 7). — On ne comprendrait jamais à quel degré de délire s'éleva la dictature de la Commune, après la révolution du 10 août, si l'histoire n'avait pas une source de renseignements irrécusables dans les procès-verbaux du conseil général (p. 8). » — La puissance de la commune de Paris était donc immense lorsqu'elle décida les massacres de septembre et se mit à l'œuvre; et rien ne pouvait lui résister.

Eh bien, en face d'une commune ainsi organisée, disposant de l'administration, de la police, de la force publique dans Paris, que pouvaient, dans l'état d'avilissement où les représente M. de Cassagnac, les Girondins dénués de tout moyen d'action, n'ayant à leur disposition que des paroles impuissantes, ou des décrets méprisés? Gémir et se couvrir le visage. Il est donc souverainement ridicule de venir dire que « les Girondins laissèrent les » massacres s'accomplir librement au milieu de Paris » parce qu'ils avaient l'ambition et l'espoir d'élever leur » domination sur les décombres sanglants de la monar- » chie; » que « les Girondins, qui n'avaient pour principe » que l'esprit de domination, poursuivirent le pouvoir à » travers le sang et les apostasies, sans réussir à atteindre » autre chose que la proscription, la mort et la honte. »

Sans doute, M. de Cassagnac sentait cela mieux que

nous encore ; aussi s'est-il hâté de prendre à partie trois hommes qu'il donne comme les chefs de la Gironde, Pétion, Brissot et Roland ; Pétion, maire de Paris, Brissot membre de l'Assemblée nationale, Roland, ministre de l'intérieur ; pensant évidemment que s'il parvenait à compromettre ces trois hommes, il aurait le droit d'accuser les Girondins en masse. Or, voici de quelle manière il procède :

« Pétion, dit-il, a donné l'explication la plus vraie, la seule vraie, des massacres de septembre, en disant qu'ils eurent pour objet de débarrasser la révolution et les révolutionnaires de leurs ennemis (p. 19) ; » puis il cite ces paroles de Pétion : « Ces *assassinats* furent-ils com-
» mandés ? furent-ils dirigés par quelques hommes ?
» Je pense que ces *crimes* n'eussent pas eu un aussi libre
» cours, qu'ils eussent été arrêtés, si tous ceux qui
» avaient en main le pouvoir et la force les eussent vus
» avec horreur ; mais je dois le dire, parce que cela est
» vrai, plusieurs de ces hommes publics, de ces défen-
» seurs de la patrie, croyaient que ces journées *désas-*
» *treuses et déshonorantes* étaient nécessaires ; qu'elles
» purgeaient l'empire d'hommes dangereux ; qu'elles
» portaient l'épouvante dans l'âme des conspirateurs, et
» que ces *crimes*, odieux en morale, étaient utiles en po-
» litique. — Oui, voilà ce qui a ralenti le zèle de ceux à
» qui la loi avait confié le maintien de l'ordre, de ceux
» à qui elle avait remis la défense des personnes et des
» propriétés (p. 20). » Pétion ajoute, ce que ne dit pas
M. de Cassagnac : « On voit comment on peut lier les
» journées des 2, 3, 4 et 5 septembre, à l'immortelle
» journée du 10 août ; comment on peut en faire une

» suite du mouvement révolutionnaire imprimé dans
» ce jour, le premier des annales de la république ; mais
» je ne puis me résoudre à confondre la gloire avec l'*in-*
» *famie,* et à souiller le 10 août des excès du 2 sep-
» tembre. »

M. de Cassagnac expose ensuite sur les massacres de
septembre les opinions de quatre Montagnards : Robespierre, Collot d'Herbois, Barrère et Marat. — « L'univers,
» la postérité, dit Robespierre, ne verra dans ces événe-
» ments que leur cause sacrée et leur sublime résultat ;
» vous devez les voir comme elle. Vous devez les juger,
» non en juges de paix, mais en hommes d'État et en légis-
» lateurs du monde. Et ne pensez pas que j'aie évoqué ces
» principes éternels parce que nous avons besoin de cou-
» vrir d'un voile quelques actions répréhensibles ; nous
» n'avons point failli ; j'en jure par le trône renversé et
» par la république qui s'élève. » — Collot d'Herbois
dit : « Il ne faut pas se dissimuler que le 2 septembre est
» le grand article du *credo* de notre liberté. Nos adver-
» saires ne nous opposent cette journée que parce qu'ils
» ne la connaissent pas. Je déplore tout ce qu'il y a de
» malheureux dans cette affaire, mais il faut la rapporter
» tout entière à l'intérêt public. Nous gémissons sur les
» maux particuliers que cette journée a produits ; mais,
» sans cette journée, la révolution ne se serait jamais ac-
» complie. » — Dans une réunion secrète tenue à l'ar-
chevêché pour préparer les journées de septembre, Marat
avait dit qu'il fallait effrayer la Convention, prête à se
réunir, par un coup de vigueur capable de la faire trem-
bler devant la Commune de Paris, qu'on la ferait, par ce
moyen, marcher à songré. « De suite il proposa tranquil-

» lement l'égorgement des prisonniers dont, suivant lui,
» la mort délivrerait Paris d'autant d'ennemis de la ré-
» publique. »

Selon M. de Cassagnac, cette pensée de Marat d'impo-
ser par la terreur aux députés des provinces la politique
et la domination de Paris, et de soumettre la Convention
à la direction de la Commune, entra certainement pour
beaucoup dans l'exécution des massacres; il ajoute que
Brissot la *dévoila* dès le 29 octobre, et il rapporte les
paroles suivantes de Brissot : « Quand je me rappelle
» toutes les circonstances qui ont précédé, accompagné
» ou suivi l'*affreuse journée* du 2 septembre; quand je
» me rappelle l'empire qu'exerçait dans Paris et dans
» toute la République, un comité dont Robespierre
» dictait les arrêts sanglants; son opiniâtreté à élever la
» Commune provisoire au-dessus des représentants de
» la nation; les discours de ses partisans qui menaçaient
» sans cesse de dissoudre l'Assemblée nationale; quand
» je me rappelle la motion préméditée de sonner le
» tocsin et de fermer les portes, sous le prétexte d'enrô-
» ler les citoyens; l'organisation de ce *cours d'assas-*
» *sinat;* les froides plaisanteries de ceux qui étaient dans
» le secret de cette expédition; son apologie faite au
» sein même de l'Assemblée; l'inutilité des réquisitions
» du maire de Paris; l'inertie volontaire du comman-
» dant général; quand je me rappelle toutes ces circon-
» stances, je ne puis m'empêcher de croire que cette
» tragédie était divisée en deux actes bien différents;
» que le massacre des prisonniers n'était qu'un acces-
» soire du grand plan; qu'il couvrait et devait amener
» l'exécution d'une conspiration formée contre l'Assem-

» blée nationale. — Telle est la clef la plus naturelle de
» cette *inexplicable atrocité ;* l'homme le plus féroce ne
» l'est point sans but... les ordonnateurs du massacre y
» voyaient le pouvoir suprème, ou ils étaient les plus
» imbéciles des brigands. »

Que croyez-vous que conclut de tout cela M. de Cassagnac? Vous ne l'imagineriez jamais. Le voici : « Ainsi,
et c'est là le point culminant de la question, dans la
pensée des hommes qui abattirent la monarchie et qui
établirent le gouvernement révolutionnaire, dans la
pensée de *Pétion*, de Robespierre, de Marat, de Collot-
d'Herbois, de Barrère, de *Brissot*, les massacres de septembre furent une mesure politique, un coup énergique
et salutaire, frappé par raison d'État, *un moyen nécessaire, avouable, honorable*, de déblayer le terrain des
réformateurs, de soumettre la Convention au joug de la
Commune de Paris, et de lui faire accepter, par la voie
de la terreur, les principes de la démagogie (p. 24 et 25). »
Que dites-vous de cet incroyable accouplement? Qu'en
diraient Pétion et Brissot, s'ils pouvaient revenir parmi
nous? Et voilà pourtant ce que M. de Cassagnac appelle
des preuves, voilà ce qu'il appelle mettre *pour la première fois et pour toujours* la vérité en évidence.

Mais allons plus loin, examinons si, comme le veut
M. de Cassagnac, Pétion et Roland, comme administra-
teurs, ne firent pas ce qu'ils pouvaient faire; examinons
si l'Assemblée ne fit pas son devoir.

Pétion nous l'a dit : ces *crimes* n'auraient pas eu un
aussi libre cours, ils eussent été arrêtés 'si tous ceux
qui avaient en main le pouvoir et la force les eussent vus

avec horreur; mais plusieurs de ces hommes publics croyaient que ces journées *désastreuses* et *déshonorantes* étaient nécessaires et ils les favorisaient; tels furent en effet Danton, ministre de la justice, Marat, l'âme du comité de surveillance, Billaud-Varennes, substitut du Procureur de la Commune, Robespierre, etc. — Pétion continue : « J'avais été conservé dans ma place, mais elle
» n'était plus qu'un vain titre; j'en cherchais inutile-
» ment les fonctions : elles étaient éparses entre toutes les
» mains et chacun les exerçait... Le maire ne fut plus un
» centre d'unité; tous les fils furent coupés entre mes
» mains; le pouvoir fut dispersé, l'action de surveillance
» fut sans force, l'action réprimante le fut également. »
— Il poursuit : « Le 2 septembre arrive, le canon d'a-
» larme tire, le tocsin sonne. O jour de deuil ! A ce son
» lugubre et alarmant, on se rassemble, on se précipite
» dans les prisons, on égorge, on assassine! Manuel, plu-
» sieurs députés de l'Assemblée nationale se rendent
» dans ces lieux de carnage : leurs efforts sont impuis-
» sants, on égorge les victimes jusque dans leurs bras.
» Eh bien, j'étais dans une fausse sécurité, j'ignorais ces
» cruautés, depuis quelques temps on ne me parlait de
» rien. Je les apprends enfin, et comment? d'une ma-
» nière vague, indirecte, défigurée; on m'ajoute, en
» même temps, que tout est fini. Les détails les plus dé-
» chirants me parviennent ensuite ; mais j'étais dans la
» conviction la plus intime que le jour qui avait éclairé
» ces scènes affreuses ne paraîtrait plus. Cependant elles
» continuent; j'écris au Commandant général, je le re-
» quiers de porter des forces aux prisons; il ne me répond
» pas d'abord. J'écris de nouveau; il me dit qu'il a donné

» des ordres ; rien n'annonce que ces ordres s'exécutent.
» Cependant ces scènes affreuses continuent encore ; je
» vais au Conseil de la Commune ; je me rends de là à
» l'Hôtel de la Force avec plusieurs de mes collègues. Des
» citoyens assez paisibles obstruaient la rue qui conduit
» à cette prison. Une très-faible garde était à la porte.
» J'entre!... Non, jamais ce spectacle ne s'effacera de mon
» cœur ! Je vois deux officiers municipaux revêtus de
» leur écharpe ; je vois trois hommes tranquillement assis
» devant une table, les registres d'écrous ouverts et sous
» leurs yeux, faisant l'appel des prisonniers ; d'autres
» hommes les interrogeant ; d'autres hommes faisant
» fonction de jurés et de juges ; une dizaine de bour-
» reaux, les bras nus, couverts de sang, les uns avec des
» massues, les autres avec des sabres et des coutelas qui
» en dégouttaient, exécutant à l'instant les jugements. »
M. de Cassagnac s'interrompt ici pour dire : « Que pen-
sez-vous que fît ce magistrat mis en présence de pareils
crimes? Vous croyez qu'il fît appeler quelques soldats,
quelques gardes nationaux, indignés comme lui, pour
donner la chasse à ces douze bourreaux et à cette garde
très-faible? Nullement ; l'avocat, pédant et bouffi, voulut
briller devant ces misérables ; il leur fit un discours. »
Écoutons Pétion : « Je vois des citoyens attendant au de-
» hors ces jugements avec impatience, gardant le plus
» morne silence aux arrêts de mort, jetant des cris de
» joie aux arrêts d'absolution. — Et les hommes qui ju-
» geaient et les hommes qui exécutaient avaient la même
» sécurité que si la loi les eût appelés à remplir ces fonc-
» tions ; ils me vantaient leur justice, leur attention à
» distinguer les innocents des coupables, les services

» qu'ils avaient rendus ; ils demandaient, pourrait-on le
» croire ! ils demandaient à être payés du temps qu'ils
» avaient passé. J'étais réellement confondu de les en-
» tendre ! — Je leur parlai le langage austère de la loi ; je
» leur parlai avec le sentiment de l'indignation profonde
» dont j'étais pénétré. Je les fis sortir tous devant moi.
» J'étais à peine sorti moi-même qu'ils y rentrèrent. »
M. de Cassagnac s'arrête là ; Pétion ajoute : «Je fus de nou-
» veau sur les lieux pour les en chasser ; la nuit ils ache-
» vèrent leur horrible boucherie. » — Eh bien, M. de
Cassagnac eût agi tout autrement : au lieu de faire sortir
tous ces gens devant lui, il eût fait appeler des soldats qui
n'existaient pas, des gardes nationaux qui n'eussent pas
répondu à l'appel, comme le maire en avait déjà fait l'ex-
périence. — Ainsi, que Pétion n'ait pas eut un génie assez
vaste pour maîtriser les événements, qu'il n'ait pas eu le
bras assez fort pour prévenir et arrêter les massacres,
c'est possible ; mais qu'il les ait laissés librement s'accomplir sans s'en inquiéter, c'est une accusation inique.

Venons à Roland. M. de Cassagnac a écrit : « Roland
est un de ceux que les massacres de septembre souilleront le plus dans l'histoire ; car, au lieu de la gloire à
laquelle il prétend de les avoir flétris, il aura la honte de
les avoir loués (p. 81). » M. de Cassagnac ajoute : « Placé
de si près en face de crimes si monstrueux et si effron-
tés, que fit Roland ? Il fit ce qu'il était de sa nature de
faire, il écrivassa (p. 87). » Voyons donc si Roland, au
lieu de flétrir les massacres de septembre, les a loués ?
Voyons ce qu'il écrivassait, pour parler comme M. de Cassagnac. — D'abord rappelons ce fait que, le 2 septembre,
le comité secret de la Commune lança contre Roland un

mandat d'arrêt ; or ce n'était probablement pas un complice que le comité voulait faire incarcérer. Disons ensuite, ce que M. de Cassagnac sait très-bien, car il possède parfaitement l'histoire de cette époque, disons que Roland, ministre de l'Intérieur, n'avait à sa disposition aucune espèce de force, aucun moyen d'action immédiate. — Quant à ses écrivasseries, voici ce que dit M. de Cassagnac : « Le 3 septembre, lettre à l'Assemblée nationale dans laquelle *il demande* à laisser un voile sur les massacres de la veille. » Puis il transcrit de cette lettre ce qui suit : « Hier fut un jour sur les évé-
» nements duquel il faut peut-être laisser un voile. Je
» sais que le peuple, terrible dans sa vengeance, y porte
» encore une sorte de justice ; il ne prend pas pour vic-
» time tout ce qui se présente à sa fureur ; il la dirige
» sur ceux qu'il croit avoir été trop longtemps épargnés
» par le glaive de la loi, et que le péril des circonstances
» lui persuade devoir être immolés sans délai. » M. de
Cassagnac s'arrête là ; il a ses raisons sans doute ; la lettre continue cependant : « Mais je sais qu'il est facile à des
» scélérats, à des traîtres, d'abuser de cette effervescence,
« et qu'il faut l'arrêter ; je sais que nous devons à la
» France entière la déclaration, que *le pouvoir exécutif*
» *n'a pu prévoir, ni empêcher ces excès ;* je sais qu'il est du
» devoir des autorités constituées d'y mettre un terme,
» ou de se regarder comme anéanties. Je sais encore que
» *cette déclaration m'expose à la rage de quelques agita-*
» *teurs.* Eh bien ! qu'ils prennent ma vie, je ne veux la
» conserver que pour la liberté, l'égalité ; si elles étaient
» violées, détruites, soit par le règne des despotes étran-
» gers, ou l'égarement d'un peuple abusé, j'aurais assez

» vécu ; mais jusqu'à mon dernier soupir j'aurai fait mon
» devoir. C'est le seul bien que j'ambitionne, et que nulle
» puissance sur la terre ne saurait m'enlever, etc., etc. »
Dans son impartialité, M. de Cassagnac a supprimé tout
cela. — Il continue : « Le 13, lettre aux Parisiens dans
laquelle *il approuve les massacres,* et déclare n'en avoir
blâmé que la continuité. » Roland et plusieurs autres
ministres étaient en butte à des attaques incessantes ; des
placards furibonds les dénonçaient tous les jours au
peuple comme ses ennemis. La lettre de Roland est des-
tinée à détromper et à calmer le peuple ; on y trouve ce
passage rapporté par M. de Cassagnac : « J'ai admiré le
» 10 août, j'ai frémi sur les suites du 2 septembre. J'ai
» bien jugé ce que la patience longue et trompée du
» peuple et ce que sa justice avait dû produire. Je n'ai
» point inconsidérément blâmé un terrible et premier
» mouvement ; j'ai cru qu'il fallait éviter sa continuité,
» et que ceux qui travaillent à la perpétuer étaient trom-
» pés par leur imagination. » Ici M. de Cassagnac s'arrête
au milieu d'une phrase ; Roland a dit : « Et que ceux qui
» travaillaient à la perpétuer étaient trompés par leur
» imagination *ou par des hommes cruels et malintention-*
» *nés.* » Sans doute ces derniers mots rendaient plus dif-
ficile la preuve que Roland avait *approuvé les massacres,*
mais qu'y faire ? les preuves ne se scindent pas. Roland
dit même encore : « J'ai donc parlé parce que je le devais,
» pour le bien de ceux même à qui je risque de déplaire ;
» car on s'expose à être blessé en voulant retenir ceux
» qui sont encore dans un transport dont ils seraient vic-
» times si l'on ne parvenait à le calmer. » Tronquer
ainsi les documents historiques peut-être sans doute

un procédé habile, mais jamais à coup sûr un procédé loyal. — Du reste, ces lettres de Roland ont toujours été parfaitement connues ; aucun historien ne les a ignorées, et aucun historien ne s'est avisé, jusqu'ici, d'en tirer les conséquences qu'en tire M. de Cassagnac.

Complétons ce que nous avons à dire sur Roland par un extrait des Mémoires de sa femme. « Aux premiers » signes d'agitation, le ministre de l'intérieur, qui a la » surveillance générale de l'ordre, mais non l'exercice » immédiat du pouvoir, ni l'emploi de la force, écrivit » d'une manière pressante à la Commune, dans la per- » sonne du maire, pour lui représenter tout ce qu'elle » devait déployer de vigilance : il ne s'en tint pas à cette » mesure ; il s'adressa au commandant général, pour lui » recommander de fortifier les postes et de veiller sur les » prisons. Il fit plus encore : en apprenant qu'elles étaient » menacées, il le requit formellement de les faire soi- » gneusement garder, appelant sur sa tête la responsa- » bilité des événements ; et pour donner plus d'effet à » une réquisition à laquelle était bornée son autorité, il » la fit imprimer et afficher à tous les coins de rue : » c'était avertir les citoyens de veiller eux-mêmes, si » le commandant oubliait son devoir. » Madame Ro- land écrit encore. « Les ministres sortirent du conseil » après onze heures ; nous n'apprîmes que le lendemain » matin les horreurs dont la nuit avait été le témoin, et » qui continuaient de se commettre dans les prisons. Le » cœur navré de ces abominables forfaits, de l'impuis- » sance de les arrêter, de l'évidente complicité de la » Commune et du Commandant général, nous convînmes » qu'il ne restait à un ministre honnête homme que de

» les dénoncer avec le plus grand éclat, d'intérésser l'As-
» semblée à les arrêter, de soulever contre eux l'indigna-
» tion des hommes honnêtes, de se laver ainsi du déshon-
» neur d'y participer par le silence, et de s'exposer, s'il
» le fallait, aux poignards des assassins, pour éviter le
» crime et la honte d'être, en aucune façon, leur com-
» plice... Roland écrivit à l'Assemblée cette lettre du
» 3 septembre, qui devint aussi fameuse que celle qu'il
» avait adressée au roi et que l'Assemblée accueillit avec
» transport..... La santé de Roland en fut altérée; la
» contention du genre nerveux était telle que son
» estomac ne pouvait rien recevoir, et la bile arrêtée
» se répandit à la surface de la peau; il était jaune et
» faible, avec une égale activité, ne pouvant dormir ni
» manger et ne cessant de travailler. » — Eh bien,
Roland, est-il encore « un de ceux que les massacres
de septembre souilleront le plus dans l'histoire? au lieu
de la gloire, à laquelle il prétend, de les avoir flétris,
aura-t-il la honte de les avoir loués? S'est-il borné à
écrivasser?

Puis enfin, Pétion et Roland n'eussent-ils pas fait tout
ce qu'ils pouvaient faire, cela donnerait-il à M. de Cassagnac le droit d'accuser les Girondins en masse, c'est-à-
dire l'Assemblée nationale. L'Assemblée que pouvait-
elle, quels moyens avait-elle à sa disposition pour empêcher les massacres de s'accomplir? Elle n'avait aucune
attribution de police: elle ne disposait d'aucune force;
elle pouvait seulement exciter à agir les agents de la
police, les dépositaires de la force, et elle le fit; elle pouvait tenter d'exercer quelque influence morale sur les
massacreurs, et elle le tenta en envoyant des députations

aux prisons. Elle alla plus loin : Dès qu'elle fut informée des massacres, elle ordonna que la Commune vînt rendre compte sur-le-champ de l'état de la ville (3 septembre), et une députation de cette commune vint annoncer que Paris était parfaitement tranquille. Etait-ce donc faillir à son devoir? Et ces foudroyantes imprécations des Girondins, des Vergniaud, des Guadet, des Lanjuinais, des Buzot, etc., etc.; contre les massacreurs, et ces poursuites judiciaires ordonnées, et cette main de Danton repoussée avec horreur par Guadet comme tachée du sang de septembre, pourquoi M. de Cassagnac n'en dit-il rien? Pourquoi ne rappelle-t-il pas cette éloquente distinction de Louvet entre le 10 août et le 2 septembre. « Elle appartient à tous la révolution du 10 août; mais » celle du 2 septembre! conjurés barbares, elle est à » vous, elle n'est qu'à vous; et vous-mêmes vous vous en » êtes glorifiés. Eux-mêmes, avec un mépris féroce, ils » ne nous désignaient que les patriotes du 10 août; avec » un féroce orgueil ils se qualifiaient les patriotes du » 2 septembre. Oh! qu'elle leur reste cette distinction » digne de l'espèce de courage qui leur est propre, » qu'elle leur reste, pour notre justification durable et » pour leur long opprobre! » Voilà ce que le 29 octobre 1792, en pleine Convention, Louvet jetait à la face de Robespierre. Pourquoi M. de Cassagnac n'en parle-t-il pas? Pourquoi? c'est qu'il n'oserait plus dire ensuite que « les Girondins laissèrent les massacres s'ac- » complir librement au milieu de Paris parce qu'ils » avaient l'ambition et l'espoir d'élever leur domination » sur les décombres sanglants de la monarchie » — que » les Girondins, qui n'avaient pour principes que l'esprit

» de domination, poursuivirent le pouvoir à travers le
» sang et les apostasies, sans réussir à atteindre autre
» chose que la proscription, la mort et la honte. » Pourquoi? parce qu'il n'oserait plus, dans le titre de son livre,
accoler les Girondins et les massacres de septembre ; parce
que son livre lui-même serait à néant.

Ah! pour son châtiment, que M. de Cassagnac écoute
comment parlent de ces hommes qu'il a si indignement
traités les historiens consciencieux : « L'Assemblée, a dit
» M. Thiers, l'Assemblée, au milieu de ces affreux désor-
» dres, était douloureusement affectée. Elle rendait dé-
» crets sur décrets pour demander compte à la Commune
» de l'état de Paris, et la Commune répondait qu'elle
» faisait tous ses efforts pour rétablir l'ordre et les lois.
» Cependant l'Assemblée, composée de ces Girondins
» qui poursuivirent si courageusement les assassins de
» septembre et moururent si noblement pour les avoir
» attaqués, l'Assemblée n'eut pas l'idée de se transporter
» tout entière dans les prisons, et de se mettre entre les
» meurtriers et les victimes. Si cette généreuse idée ne
» vint pas l'arracher à ses bancs et la porter sur le théâ-
» tre du carnage, il faut l'attribuer à la surprise, au sen-
» timent de son impuissance, peut-être aussi à ce
» dévouement insuffisant qu'inspire le danger d'un
» ennemi, enfin à cette désastreuse opinion, partagée
» par quelques députés, que les victimes étaient autant
» de conjurés, desquels on aurait reçu la mort si on ne
» la leur avait donnée. » — « Un homme déploya en ce
» jour un généreux caractère, et s'éleva avec une noble
» énergie contre les assassins. Sous leur règne de trois

» jours, il réclama le second. Le lundi matin, à l'instant
» où il venait d'apprendre les crimes de la nuit, il écrivit
» au maire Pétion qui ne les connaissait point encore, il
» écrivit à Santerre qui n'agissait pas, et leur fit à tous
» deux les plus pressantes réquisitions. Il adressa dans le
» moment même à l'Assemblée une lettre qui fut couverte
» d'applaudissements. Cet homme de bien, si indigne-
» ment calomnié par les partis, était Roland... De
» son côté Pétion, quoique plus froid que Roland, n'avait
» pas montré moins de courage. Il avait écrit à Santerre,
» qui, soit impuissance ou complicité, répondait qu'il avait
» le cœur déchiré, mais qu'il ne pouvait faire exécuter
» ses ordres. Il s'était ensuite rendu de sa personne sur
» les divers théâtres du carnage. A la Force, il avait arra-
» ché de leur siége sanglant deux officiers municipaux,
» qui remplissaient en écharpe les fonctions que Maillard
» exerçait à l'Abbaye, mais à peine était-il sorti pour se
» rendre en d'autres lieux que ces officiers municipaux
» étaient rentrés et avaient continué leurs exécutions. »
Voilà comment parlent les hommes consciencieux ; et ce
sont ceux-là qui parlent *pour toujours*.

Non, Dieu merci, le sang de septembre ne fit jamais
tache sur les Girondins, et M. de Cassagnac le sait bien ;
mais M. de Cassagnac s'est fait l'adversaire de la révolution, qui du reste n'en remplira pas moins ses destinées
fécondes, et en qualité d'adversaire de la révolution, il
s'est donné la mission de battre en brèche tout ce qui osa
y prendre part. Or, entre les hommes de la révolution, il
y en a dont l'histoire a fait justice depuis longtemps, et il
a compris qu'il est inutile de frapper sur ceux-là. Mais il

y a aussi des noms restés en possession de l'estime publique, des noms honorés, ce sont ceux-ci qu'il faut salir, lui
ont dit ses instincts contre-révolutionnaires, et c'est sur
eux qu'il a porté la main. Les crimes pour lesquels les
premiers ont été justement flétris, il les a étendus aux
seconds, pensant qu'ils les flétriraient de même et que
parmi les hommes de la révolution il ne resterait plus
rien d'honorable, et que la révolution serait honnie.

Madame Roland, cette femme qu'il a insultée jusqu'à
oser accoler son nom à celui de Théroigne de Méricourt
(t. I, p. 202), madame Roland lui avait montré cependant sur qui pesait la honte des massacres de septembre.
» Tout Paris, avait-elle dit, fut témoin de ces horribles
» scènes, exécutées par un petit nombre de bourreaux.
» (Ils n'étaient pas 15 à l'Abbaye, à la porte de laquelle
» était pour toute défense, malgré les réquisitions faites
» à la Commune et au Commandant, 2 gardes natio-
» naux). Tout Paris laissa faire... Tout Paris fut maudit
» à mes yeux, et je n'espérai plus que la liberté s'établît
» parmi des lâches, insensibles aux derniers outrages
» qu'on puisse faire à la nature, à l'humanité, froids
» spectateurs d'attentats que le courage de 50 hommes
» armés aurait facilement empêchés. — La force publique
» était mal organisée ; mais faut-il connaître son capitaine
» et marcher en compagnie réglée, quand il s'agit de vo-
» ler au secours de victimes qu'on égorge ? Le fait est que
» le bruit d'une prétendue conspiration dans les prisons,
» tout invraisemblable qu'il fût, l'annonce affectée de
» l'inquiétude ou de la colère du peuple, retenait chacun
» dans la stupeur, et lui persuadait au fond de sa maison
» que c'était le peuple qui agissait, lorsque, de compte

» fait, il n'y avait pas 200 brigands pour la totalité d[e]
» cette infâme expédition. Aussi ce n'est pas la premièr[e]
» nuit qui m'étonne, mais quatre jours ! — Et des curieu[x]
» allaient voir ce spectacle ! — Non, je ne connais rien
» dans les annales des peuples les plus barbares, de com[-]
» parable à ces atrocités. »

Voilà quel fut le sentiment des Girondins, voilà que[l]
fut leur langage à l'égard des crimes de septembre. Qu[e]
M. de Cassagnac s'efforce donc tant qu'il voudra de flé[-]
trir les Girondins par d'odieuses imputations, leurs nom[s]
sont placés trop haut dans l'histoire pour que ses trait[s]
envenimés puissent jamais les atteindre.

Mon devoir est rempli, je m'arrête. Arrivé à la fin d[e]
sa *Défense de l'Esprit des lois*, Montesquieu, ce Girondi[n]
de son temps, disait : « C'est avec plaisir que je quitte l[a]
plume. On aurait continué à garder le silence, si, de c[e]
qu'on le gardait, plusieurs personnes n'avaient concl[u]
qu'on y était réduit. »

SAINT-DENIS. — TYPOGRAPHIE DE A. MOULIN, SUCC DE M. DROUARD.